Un grand merci à Magdalena pour ses judicieux conseils
et son aide précieuse.
M. L.

Conception éditoriale : Martine Lang
Mise en pages : Mary Gouzé et Gaëlle Godde
Maquette couverture : Stéphanie Franquin

Grandes scènes illustrées par :
Pascale Collange : p. 12, 14, 16, 18, 20, 22, 24, 26, 54, 72, 78
Marie-Marthe Collin : p. 58, 60-61, 62-63, 64-65, 68, 70, 74, 80, 82
Monique Gauriau : p. 30, 36, 40
Danièle Schulthess : p. 28, 52, 56, 66
Pascale Wirth : p. 84, 86

Imprimé en France
ISBN : 2-08-160889-8

Anne Fronsacq

Mon grand imagier *de l'éveil*

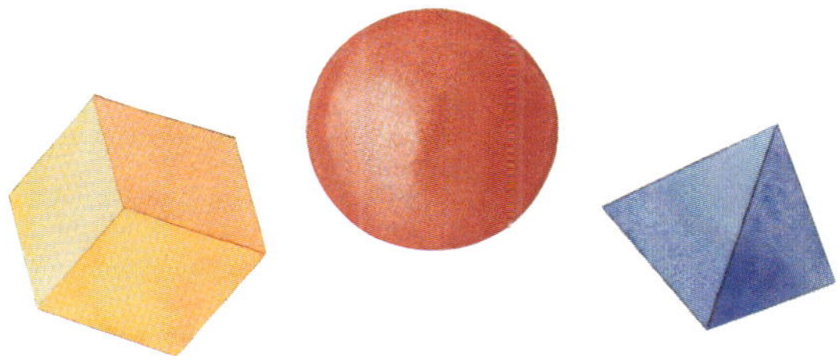

Illustrations :
Pascale Collange
Marie-Marthe Collin
Monique Gauriau
Danièle Schulthess
Pascale Wirth

et

Annick Bougerolle, Martine Bourre
Anne Bozellec, Christian Broutin
Kersti Chaplet, Maryse Graticola
Noëlle Le Guillouzic, Noëlle Herrenschmidt
Romain Simon, Bruno Le Sourd, Amélie Veaux

Père Castor
Flammarion

Sommaire

Le temps qui passe

Les saisons

Des chiffres et des lettres

Des couleurs et des formes

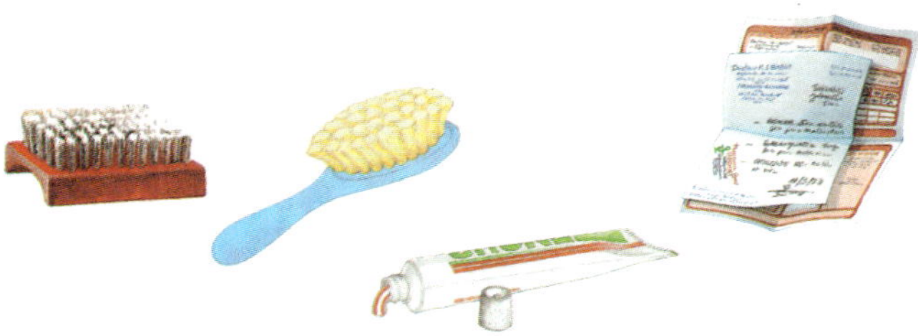

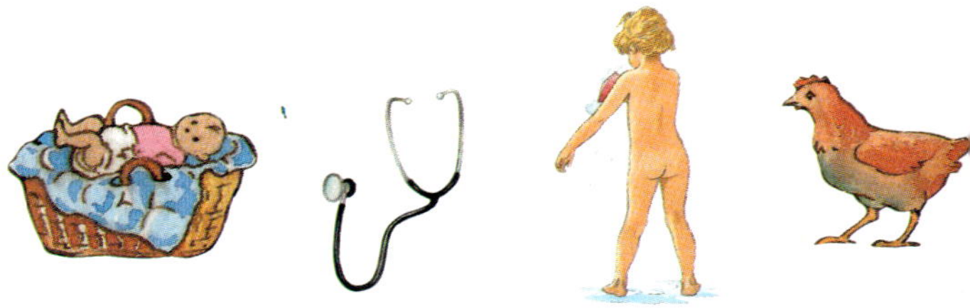

À la découverte de la vie

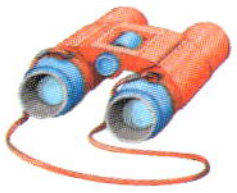

À la découverte des sens

Les activités et les jeux

Mon grand imagier de l'éveil s'adresse aux enfants à partir de trois/quatre ans jusqu'à six ans et bien au-delà.

- Pour les plus jeunes, c'est une initiation au vocabulaire, au classement, à l'abstraction.
- Pour les plus grands, ce sont des jeux qui préparent à la lecture, aux mathématiques.
- Pour tous, c'est une première encyclopédie.

Les illustrateurs ont mis leur talent au service de l'enfant, afin que chaque scène soit à la fois riche, précise et chargée d'émotion.

Au fil des pages de *Mon grand imagier de l'éveil*, les jeunes enfants découvrent les différents thèmes d'éveil. Autant de thèmes fondateurs présentés sous forme de scènes illustrées pour aborder, de façon ludique et dans un contexte proche de l'enfant, des domaines variés qui vont l'éveiller au monde qui l'entoure.

Mon grand imagier de l'éveil s'ouvre sur l'illustration d'une journée. Puis l'enfant va successivement rencontrer les sept jours de la semaine, les douze mois de l'année, les saisons... pour une ouverture sur la notion du temps qui passe ; après viennent les chiffres, les lettres, les couleurs pour une approche d'un savoir plus scolaire ; puis l'enfant découvre les cinq sens, la visite du docteur, la naissance du bébé... pour une connaissance plus affective, liée à son vécu et à la découverte de son corps ; et enfin il retrouve les activités qu'il pratique à la maison, à l'école, dans le jardin.
L'enfant élargira ainsi son champ de connaissances et sa vision du monde en partageant avec vous la lecture de chaque double page à un âge où toutes ces questions le préoccupent et où il attend des réponses pour grandir.

Chaque double page propose un thème :

- Sur certaines pages de gauche, une grande scène fourmille d'éléments à découvrir, à nommer, à déchiffrer.
- Sur la page de droite, quatre éléments, tirés de la grande scène, sont présentés par une image et par une courte définition.
- Sour forme d'un jeu « cherche et trouve », des questions guideront l'enfant dans sa « lecture » des scènes représentées et l'entraîneront à la découverte des actions et des objets.

Des devinettes l'invitent à identifier des objets mystères présents dans les scènes.

Vous pouvez adapter les jeux proposés en fonction des intérêts et de l'âge de votre enfant. Libre à vous d'en imaginer d'autres. Guidez-vous sur ses réactions. Inventez des histoires à partir des scènes représentées et partez avec lui à la découverte du monde...
Cet imagier est le vôtre et celui de votre enfant. Il deviendra entre vos mains à tous les deux un merveilleux outil d'éveil, d'apprentissage et de plaisir partagé.

Il est sept heures.

Il est huit heures.

Il est huit heures et demie.

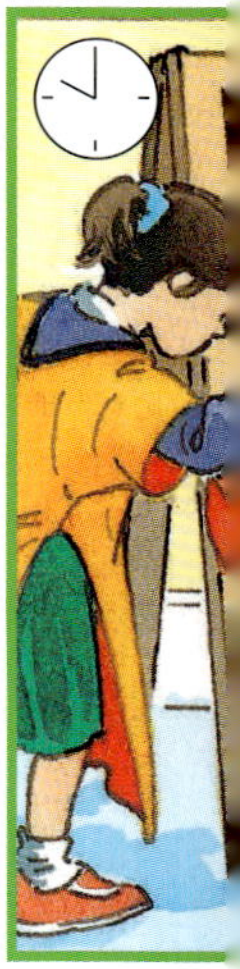

Il

Il est midi.

Il est une heure.

Il est trois heures et quart.

Il

Il est quatre heures et demie.

Il est six heures et quart.

Il est sept heures et demie.

Il

heures.

tre heures.

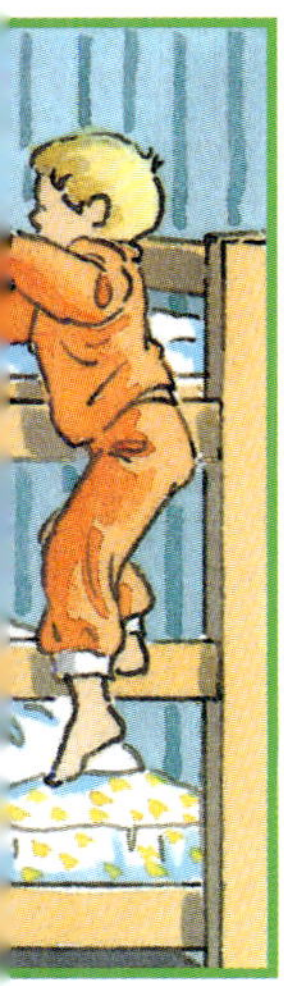

f heures.

Les moments de la journée

Cherche et trouve :

- la maman qui vient chercher son petit garçon
- les enfants qui font la sieste
- deux filles qui font de la peinture
- les enfants en récréation
- la fille qui dort
- une fille qui va manger un yaourt
- une fille qui prend son bain
- deux enfants qui se couchent
- l'heure où la maman conduit ses enfants à l'école
- un garçon qui prend son petit déjeuner

Devine :

Je suis un grand parapluie qu'on plante dans le sable pour faire de l'ombre. Qui suis-je ?

Le matin, le soleil monte dans le ciel : il se lève.

À midi, le soleil est au plus haut dans le ciel.

Le soir, le soleil disparaît derrière l'horizon : il se couche.

La nuit il fait sombre, seules les étoiles et la lune éclairent le ciel.

lundi

mardi

mercredi

jeudi

vendredi

samedi

dimanche

Les sept jours de la semaine

Cherche et trouve :

- une maman qui pousse une poussette
- un garçon qui tape sur un tambourin
- un garçon qui remplit un chariot à provisions
- quatre enfants qui font de la balançoire
- une fille qui court au bord du lac
- deux enfants qui font un parcours d'équilibre
- trois enfants qui dessinent
- un papa qui porte son bébé dans ses bras

Devine :

Je suis le jour des promenades en famille, mais aussi le dernier jour de la semaine. Qui suis-je ?

	matin	**après-midi**
lundi	*pâtisserie*	*bibliothèque*
mardi	*piscine*	*dessin*
mercredi	*centre de loisirs*	
jeudi	*patins à roulettes*	*musique*
vendredi	*gymnastique*	*bricolage*
samedi	*marionnettes*	*pas d'école*
dimanche	*pas d'école*	

L'emploi du temps permet de savoir ce qu'on va faire chaque jour de la semaine.

janvier

février

mars

avril

mai

juin

juillet

août

septembre

octobre

novembre

décem

Les douze mois de l'année

Cherche et trouve :

- deux enfants qui font de la musique
- une famille qui regarde une course de voiliers
- deux lampions
- une maman qui fait sauter une crêpe
- le mois du muguet
- le mois de la galette
- le mois du carnaval
- un garçon avec un poisson accroché dans le dos
- le mois où on ramasse le raisin
- des enfants qui sont déguisés pour Halloween

Devine :

Quand on me trouve dans une galette, on devient le roi ou la reine. Qui suis-je ?

Les mois, les semaines et les jours sont indiqués sur le calendrier.

L'automne

Cherche et trouve :

- un panier en osier
- un tracteur dans un champ
- un nid sur une branche
- un vol d'oiseaux
- une ferme
- cinq feuilles qui s'envolent
- un pommier
- trois corbeaux qui suivent le tracteur vert
- un tracteur rouge sur la route
- des pommes dans l'herbe
- un petit arbre jaune
- quatre champignons
- deux rangs de salades
- un enfant qui tient une pomme

Devine :

Je porte des branches, des feuilles et parfois des fruits. Qui suis-je ?

En automne, les feuilles jaunissent et tombent des arbres.

les girolles

On ramasse des champignons dans les prés et dans les bois.

Le tracteur tire la charrue qui retourne la terre des champs.

L'hiver

Cherche et trouve :

- cinq corbeaux en vol
- un chien à côté d'un enfant
- un enfant les bras tendus
- des touffes de gui dans le pommier
- un nid vide
- des flocons de neige
- un corbeau posé sur le sol
- deux bonnets et une moufle bleus
- une cheminée qui fume
- un tas de bois
- des buissons de houx
- un enfant qui a froid aux mains

Devine :

Parfois l'hiver, nous tombons du ciel. Qui sommes-nous ?

Quand il fait très froid, l'eau des flaques se transforme en glace.

Le feu éclaire et réchauffe pendant les journées d'hiver.

Pour Noël, on décore la maison avec du houx et du gui.

Le corbeau vit en bande dans les champs.

Le printemps

Cherche et trouve :

- un pommier en fleur
- des oisillons dans un nid
- un garçon avec un bâton dans la main
- des carottes dans le potager
- une mésange avec un ver de terre dans le bec
- trois veaux près de leur mère
- deux oiseaux dans le ciel
- une voiture verte
- deux troupeaux de vaches qui broutent de l'herbe
- six salades
- une fille qui sent un bouquet de jonquilles

Devine :

On me mange souvent râpée, et les lapins me grignotent dès que je sors de terre. Qui suis-je ?

Les jonquilles annoncent le printemps.

Les oiseaux couvent leurs œufs dans le nid jusqu'à leur éclosion.

Les bourgeons du pommier se transforment en feuilles ou en fleurs.

Les fleurs du pommier donneront les pommes.

L'été

Cherche et trouve :

- un papillon bleu
- deux melons dans le potager
- une charrette
- des fleurs de pissenlit
- deux personnes devant la ferme
- un tracteur vert
- trois meules de foin
- une libellule
- six vaches
- une sauterelle et une coccinelle
- une voiture qui tire une caravane

Devine :

Petite bête rouge à pois noirs, on dit que je porte bonheur. Qui suis-je ?

En été, les fruits du pommier commencent à mûrir.

La sauterelle avance en sautant sur ses pattes de derrière.

En juillet, la moissonneuse-batteuse coupe les épis de blé mûrs.

l'hiver
(21 décembre)

Il fait froid.

Les jours sont les plus courts.

Il neige souvent.

le printemps
(20 mars)

La nature se réveille.

Les jours allongent.

Le temps change souvent.

l'été
(21 juin)

Il fait très chaud.

Les jours sont les plus longs.

Il y a souvent des orages.

l'au
(22

Les feu

Les jo

Il p

ne
bre)

bent.

urcissent.

ent.

Au fil des saisons

Cherche et trouve :

- une maison sous la pluie
- un éclair dans le ciel
- un arbre en fleur
- un bébé qui apprend à marcher
- un toit couvert de neige
- un enfant sur une luge
- une fille qui patauge dans une flaque d'eau
- un enfant avec un bouquet
- un paysage sous la neige
- un tapis de feuilles mortes sous un arbre
- un enfant derrière un arbre
- un arc-en-ciel

Devine :

Je lance des éclairs, je gronde et je suis souvent accompagné de la pluie. Qui suis-je ?

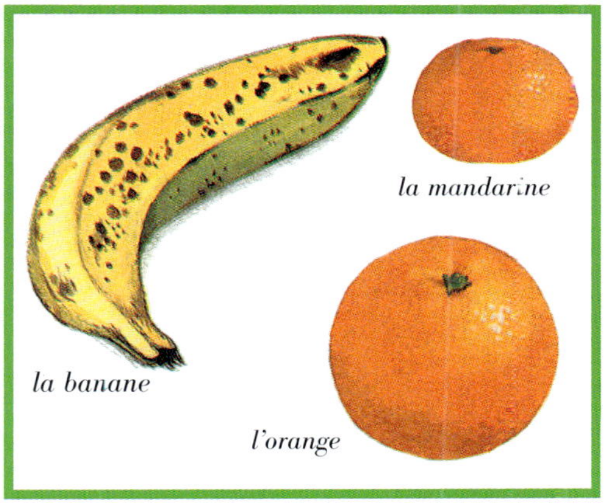

En hiver, les fruits viennent des pays où il fait chaud.

Le printemps est la saison des fruits rouges.

En été, les fruits sont sucrés et rafraîchissants.

En automne, beaucoup de fruits à pépins sont mûrs.

FABIEN

Le coin lecture

Cherche et trouve :

- un bac à livres
- trois enfants sur un canapé
- une petite fille qui cherche un livre
- une fille qui se coiffe
- un enfant assis devant le bac à livres
- un enfant à genoux avec une voiture dans chaque main
- un poster de castors
- un enfant qui montre une image du doigt
- une fille qui tourne une page
- un garçon qui repasse
- une fille assise sur un coussin

Devine :

Sous la tête, sous le ventre ou sous les fesses, je suis toujours un compagnon moelleux pour mieux lire. Qui suis-je?

On trouve de grandes et belles illustrations dans l'album illustré.

Dans une bande dessinée, les personnages parlent dans des bulles.

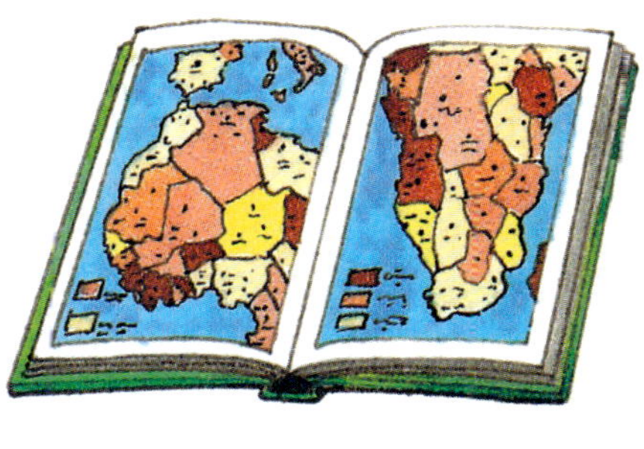

L'atlas montre les cartes de tous les pays du monde.

Le journal donne des informations sur les événements du monde entier.

L'alphabet A B C D E F G H

Devine qui je suis :

- Je fonds au soleil.
- Grâce à ma baguette magique, j'exauce tous les souhaits.
- Je suis très à l'aise sur un trapèze.
- Je ressemble au chameau, mais je n'ai qu'une seule bosse.
- J'amuse beaucoup les enfants avec mes pitreries.
- J'ai cinq bras et je vis dans la mer.

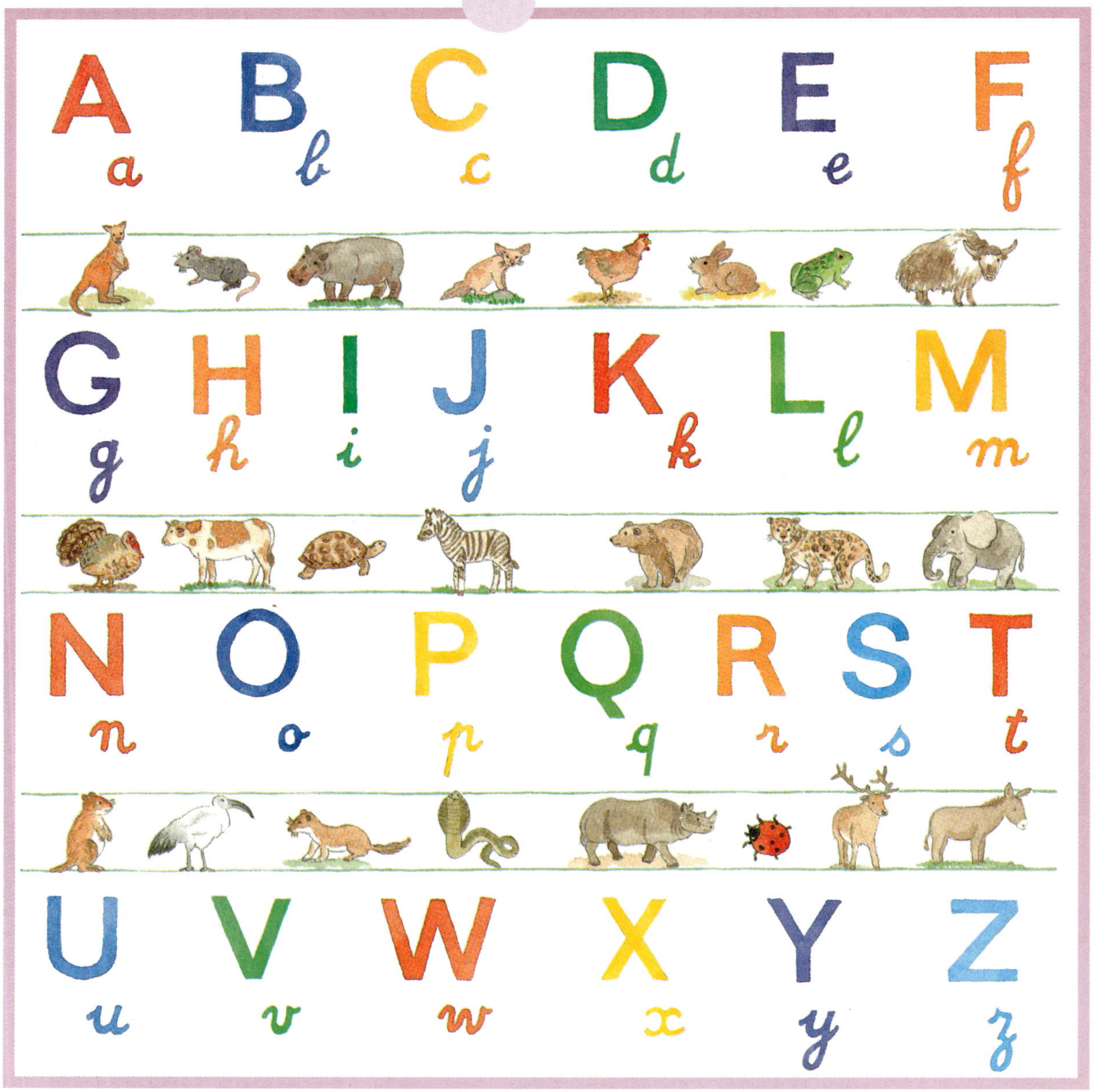

a A

a A

l'acrobate

b B

b B

le bonhomme de neige

c C

c C

le clown

d D

d D

le dromadaire

e E

e E

l'étoile de mer

f F

f F

la fée

L'alphabet a b c d e f g h

g G

g *G*

la grenouille

h H

h *H*

l'hippocampe

i I

i *I*

l'iguane

j J

j *J*

le jongleur

k K

k *K*

le koala

l L

l *L*

le lutin

le manchot

le naja

l'okapi

le pirate

Devine qui je suis :

- On m'appelle aussi le serpent à lunettes.
- Je suis très adroit pour rattraper les balles en l'air.
- J'ai un bel habit noir et blanc et je vis au pôle sud.
- Je ressemble à un ourson mais je ne mange que des feuilles.
- Je suis un marin qui attaquait les navires pour les voler.
- Je suis un poisson à tête de cheval et je nage verticalement.
- Je suis un personnage de contes très farceur.
- Je suis un gros reptile, vert de la tête à la queue.
- Je fais de grands bonds et j'adore l'eau.
- Mon pelage est marron et mes quatre pattes sont rayées de blanc.

L'alphabet a b c d e f g h

q Q

q Q

le **q**uetzal

r R

r R

le **r**oi

s S

s S

la **s**orcière

t T

t T

le **t**igre

u U

u U

l'**u**nau

v V

v V

le **v**ampire

*le **w**apiti*

*le **x**érus*

*le **y**ack*

*le **z**ébu*

Devine qui je suis :

- Dans les histoires, je suce le sang des gens endormis.
- Je suis une sorte de bœuf avec une bosse sur le dos.
- Je ressemble à un écureuil mais je vis en Afrique.
- Je suis un gros animal à cornes avec de longs poils.
- J'ai une couronne et tout le monde doit m'obéir.
- Je suis un fauve au pelage orange avec des rayures noires.
- Comme le cerf, j'ai de superbes bois sur la tête.
- Je vole sur mon balai en ricanant.
- Comme le paresseux, je passe mon temps à dormir dans un arbre.
- Je suis un oiseau au très beau plumage vert.

1
2
3
4
5
6
7
8
9

Les nombres

1 2 3 4 5 6 7 8 9 10

Cherche et trouve :

- deux dinosaures verts
- sept ours
- quatre hélicoptères
- cinq animaux
- trois engins qui roulent
- neuf dinosaures
- deux ours rouges
- huit fruits
- six bonshommes
- une voiture bleue
- trois avions
- un bonhomme bleu
- deux voitures
- un camion
- sept engins qui volent

Quand on a zéro bonbon, on n'a pas de bonbon du tout.

Pour compter jusqu'à cinq, on peut utiliser les doigts d'une seule main.

Pour compter jusqu'à dix, on peut utiliser les doigts des deux mains.

Les nombres

un enfant

deux arbres

trois animaux

quatre oiseaux

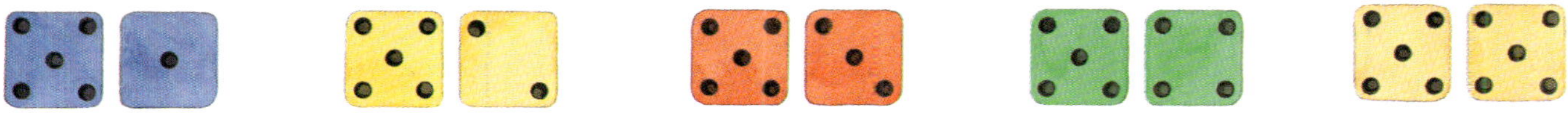

cinq ustensiles de cuisine

six instruments de musique

sept fleurs

Cherche et trouve :

- deux fleurs jaunes
- un perroquet
- cinq ustensiles de cuisine
- un brin de muguet
- trois animaux à quatre pattes
- une Cocotte-Minute
- deux instruments de musique à cordes
- un piano
- un paon qui fait la roue
- sept fleurs
- deux arbres
- une marguerite
- une louche pour la soupe
- quatre oiseaux
- six instruments de musique

Les nombres

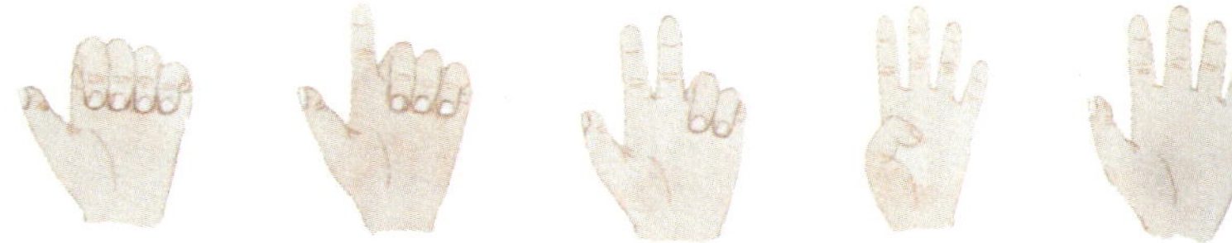

huit jouets

neuf véhicules

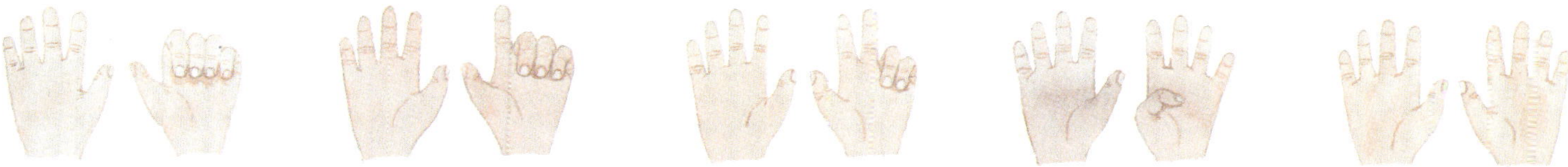

dix vêtements

Cherche et trouve :

- cinq jouets pour s'amuser dehors
- un vêtement à manches courtes
- deux jouets à serrer contre soi
- huit jouets
- une poussette
- un short
- un engin qui flotte
- un taxi
- deux vêtements de couleur bleue
- dix vêtements
- un puzzle
- deux engins rouges
- un vêtement rayé bleu et blanc
- un engin qui vole
- deux jouets avec quatre roues
- un vêtement rose que portent uniquement les filles
- un scooter
- une corde à sauter
- neuf véhicules
- deux véhicules à deux roues

Les couleurs *primaires*

Les couleurs *mélangées*

Les couleurs

Cherche et trouve :

- la couleur née du mélange du rouge et du jaune
- le bleu et le rouge
- la couleur née du mélange du jaune et du bleu
- la couleur née du mélange du bleu et du noir
- la couleur née du mélange du rouge et du vert
- le noir et le blanc
- le jaune
- la couleur née du mélange du blanc et du noir
- la couleur née du mélange du rouge et du blanc

Devine :

J'ai des poils et on me trempe dans la peinture. Qui suis-je ?

Avec la boîte de peinture, on peut faire des mélanges de couleurs.

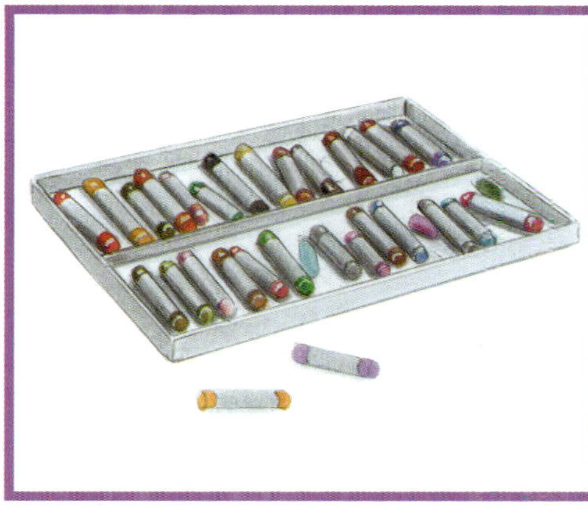

Les pastels gras sont des bâtonnets de craie de toutes les couleurs.

Les feutres servent à colorier et à faire des dessins.

On taille la mine des crayons de couleur avec un taille-crayon.

Rouge comme...

la tomate

la fraise

le coquelicot

le camion de pompiers

Bleu comme...

le ciel

la mer

le jean

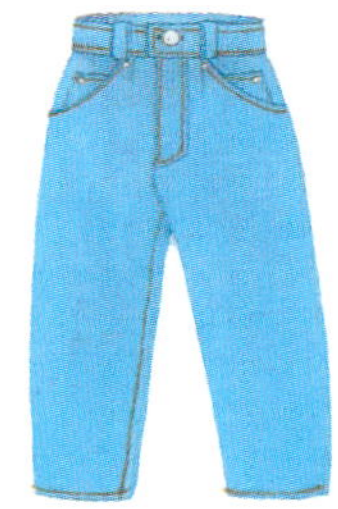

le bleuet

Vert comme...

la grenouille

le concombre

la laitue

le sapin

Jaune comme...

le canari

le soleil

le citron

le bouton d'or

La couleur des choses

Devine qui je suis :

- Je suis jaune et j'ai un goût très acide.
- Je suis orange et on me coupe en tranches.
- Nous sommes des petits grains noirs qui sont moulus pour faire une boisson que l'on boit bien chaude.
- Je suis toujours vert et on me décore à Noël.
- Je suis une petite fleur à pétales bleus et je pousse souvent dans les champs de blé.
- Je suis un fruit rouge mais on me mange cru ou cuit comme un légume.
- Je suis noir et je sais très bien siffler.
- Mes pétales sont jaune d'or comme le soleil.
- Je sers à éteindre le feu et je suis rouge comme lui.
- Je suis jaune et je chante même en cage.
- Je suis orange et mes feuilles sont toutes rondes.
- On mange mes feuilles vertes en salade.
- Je suis bleu, j'ai deux jambes mais je ne sais pas marcher.
- Je suis une racine orange que les lapins aiment grignoter.
- Je suis rouge et je sens bon, j'ai un goût délicieux et sucré.
- Je suis jaune, grâce à moi le linge sèche et les fleurs poussent.
- On enlève ma peau orange pour me manger.
- Je suis bleue et salée.
- Le plus souvent, on épluche ma peau verte et on me coupe en rondelles.
- Je suis au-dessus de vos têtes et l'été je suis souvent bleu.
- Je suis noir de la tête à la queue et je croasse.

Orange comme...

la carotte

l'orange

la citrouille

la capucine

Noir comme...

le corbeau

le merle

les grains de café

la fourmi

Rose comme...

le cochon

le flamant rose

la rose

la crevette

Violet comme...

la violette

la quetsche

l'aubergine

le raisin

Gris comme...

la fumée

l'éléphant

la souris

l'âne

Marron comme...

le marron

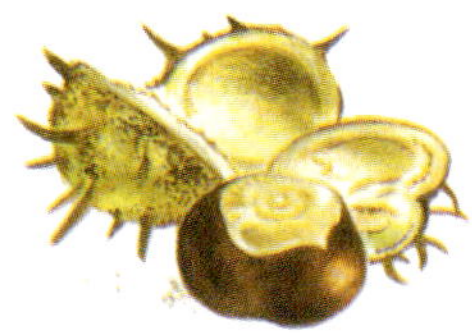

le chocolat

l'ours

la pomme de pin

La couleur des choses

Devine qui je suis :

- Je suis marron et les enfants adorent me croquer.
- Je ressemble à un petit cheval gris et je suis très têtu.
- Vert ou violet, je pousse en grappe dans les vignes.
- Je suis tout rose et j'ai la queue en tire-bouchon.
- Je suis tout marron, mais mon cousin, lui, est tout blanc.
- J'ai de longues plumes rose et noir
- Je suis un légume violet qu'on met dans la ratatouille.
- je suis grise, je m'échappe d'une cheminée.
- Je suis marron et les écureuils aiment me grignoter.
- Je ne suis pas toujours rose mais je sens toujours très bon.
- Je suis de couleur violette et on me trouve dans les bois au printemps.
- J'ai le poil gris et une longue queue rose.
- Je suis une grosse prune violette.
- Je suis tout gris, seules mes défenses sont blanches.
- Une fois cuite, je deviens toute rose.

L'arc-en-ciel est formé de sept couleurs : violet, indigo, bleu, vert, jaune, orangé et rouge.

PETIT-BEURRE
Atelier du Père Castor
4, rue Casimir Delavigne
75006 PARIS
REPUBLIQUE FRANÇAISE
SALERS

Les formes

Cherche et trouve :

- un bouton rond
- un moule en forme de triangle.
- un tas de confettis
- deux pochoirs
- une enveloppe rectangulaire
- une télécommande
- un cerf-volant
- des dominos
- un mouchoir carré
- un biscuit
- une horloge
- un timbre
- un cédérom rond
- des jetons

Devine :

On me colle sur les enveloppes et parfois on me collectionne. Qui suis-je?

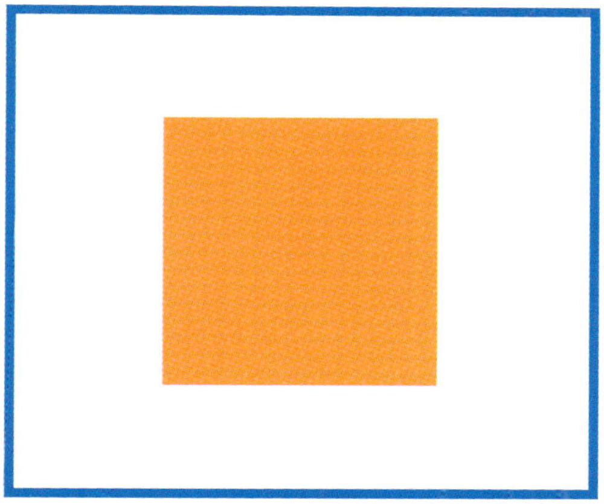

Le carré a quatre côtés égaux.

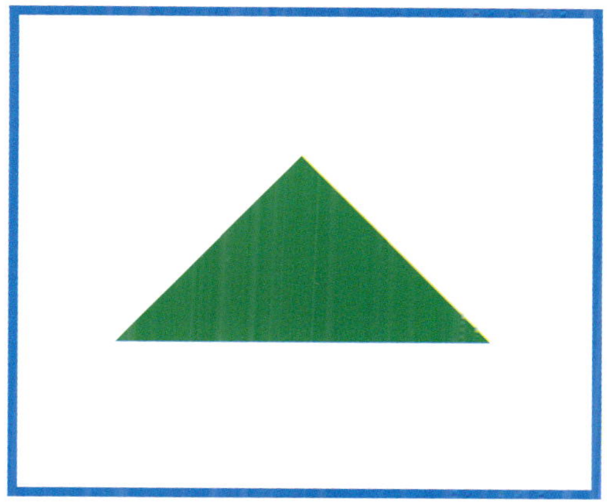

Le triangle a trois côtés.

Le rectangle a deux petits côtés et deux grands côtés.

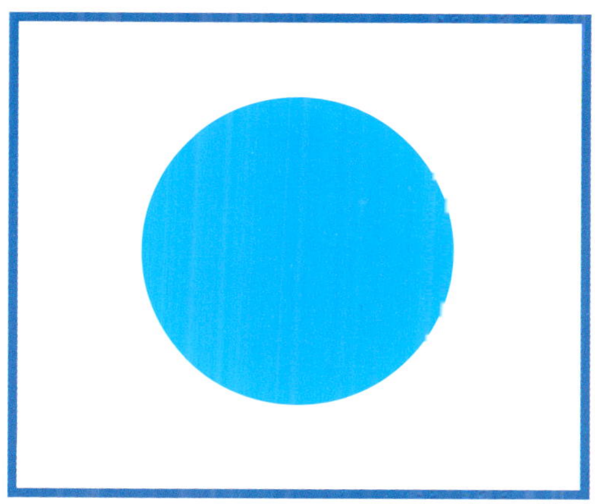

On trace les ronds à l'aide d'un compas.

Les volumes

Cherche et trouve :

- des briques
- un bocal rond
- un chapeau en forme de cône
- une hutte
- un cornet de glace
- des perles de couleur
- un poste de télévision
- trois boules de Noël
- un jeu de cubes
- un dé à coudre
- trois ballons différents
- une boule de pétanque
- un hochet
- un paquet-cadeau
- un gobelet de peinture

Devine :

Je fonds au soleil, mais les enfants ne me laissent pas faire, ils préfèrent me lécher. Qui suis-je?

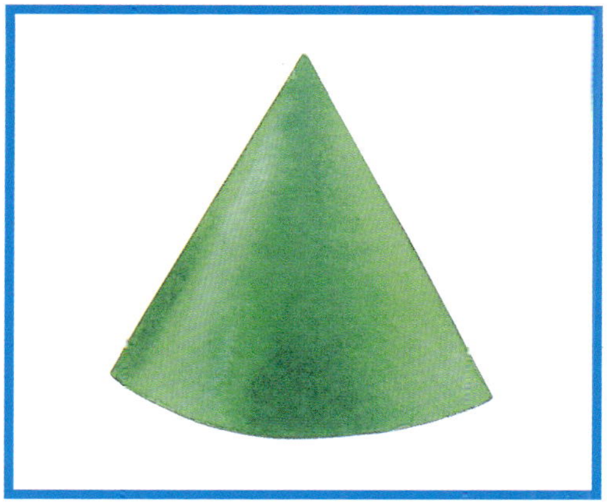

Le cône est rond en bas et pointu en haut.

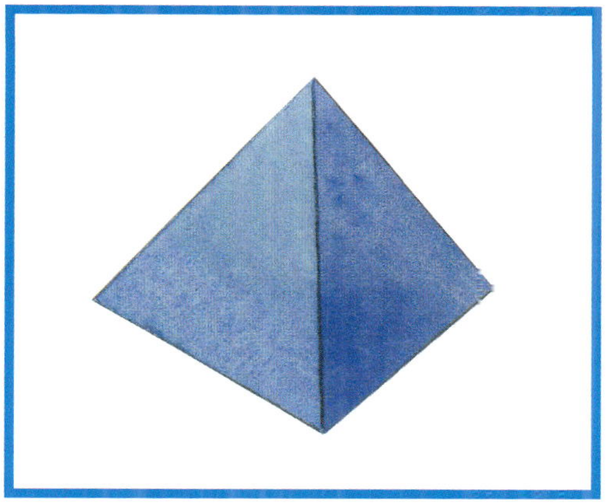

La pyramide est carrée en bas et pointue en haut.

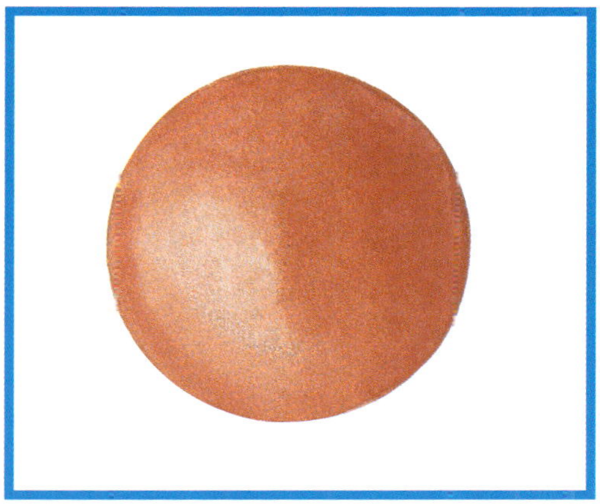

La sphère est une boule ronde.

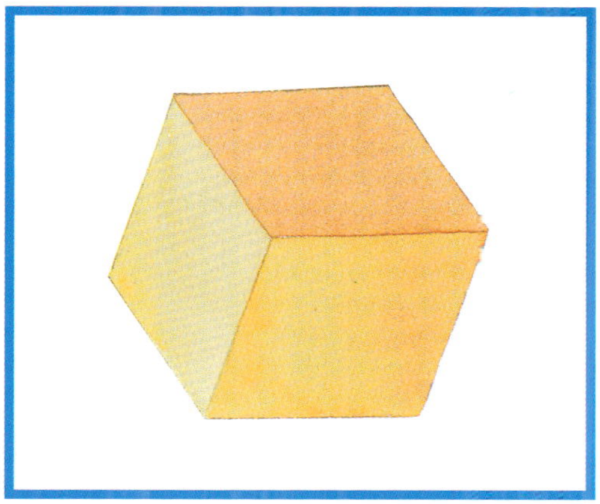

Le cube a ses six côtés carrés.

L'arrivée de bébé

Cherche et trouve :

- un pèse-bébé
- un berceau à roulettes
- trois paquets-cadeaux
- une table-plateau
- les grands-parents
- deux bouquets de fleurs
- un nouveau-né qui dort
- la maman et le papa
- une bouteille d'eau
- une paire de lunettes
- une table à langer
- une tasse et un bol
- un vêtement sur le dossier d'une chaise
- le frère et la sœur

Devine :

Je suis le vêtement de nuit des petits. Qui suis-je ?

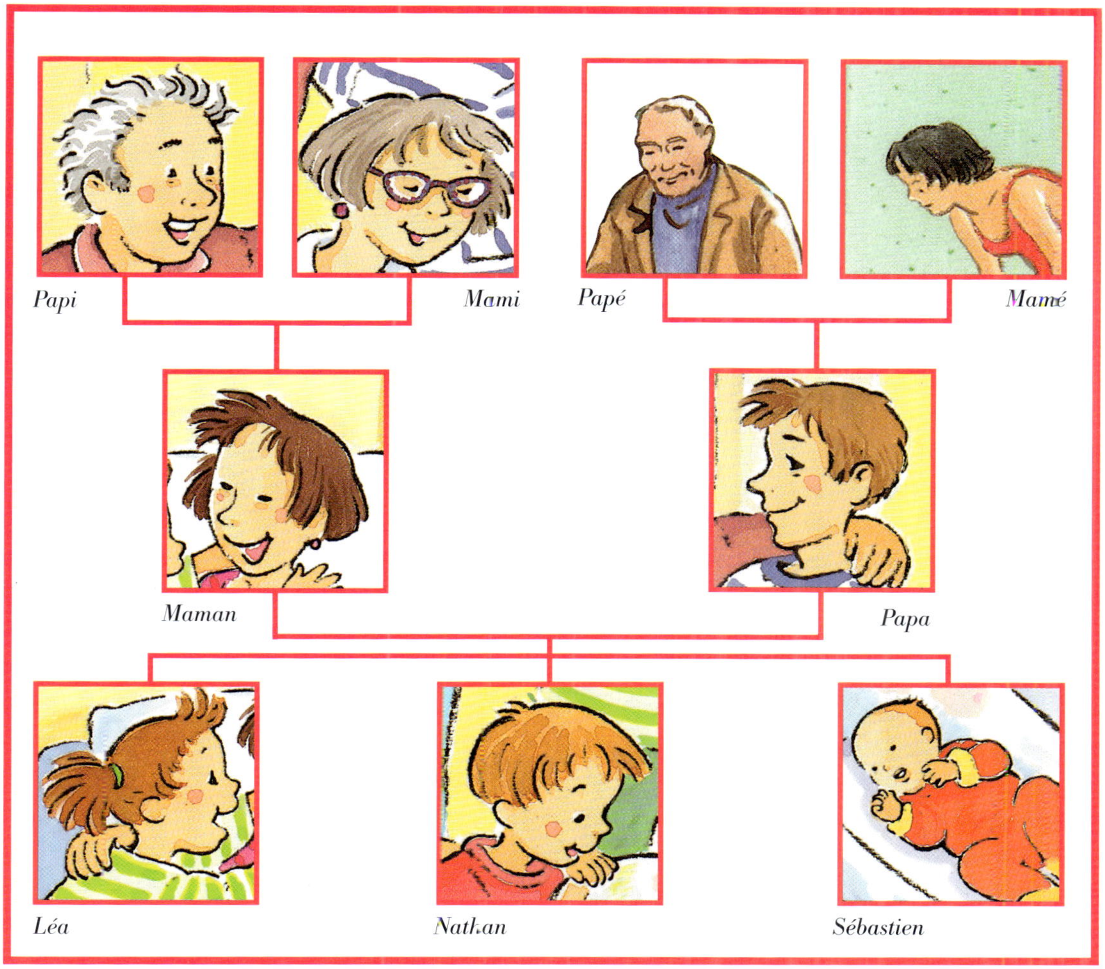

Sur l'arbre généalogique, on inscrit les noms des membres de sa famille.

3 mois 2 ans 6 ans

Les âges de la vie

Cherche et trouve :

- trois œufs sous la poule
- le poulain qui court
- le garçon avec des patins à roulettes
- la femme enceinte
- le cheval adulte
- le garçon avec un sac à dos
- le poussin qui sort de l'œuf
- l'adolescent
- la jument qui attend un bébé.
- l'homme avec une cravate
- la poule qui couve
- le nouveau-né dans son couffin
- le coq
- la jument qui lèche son petit
- le vieil homme
- le bébé qui commence à marcher
- le poulet
- le jeune adulte

Devine :

Je sors d'un œuf et je suis le petit de la poule et du coq. Qui suis-je ?

14 ans 25 ans 40 ans 80 ans

La propreté

Cherche et trouve :

- une armoire à pharmacie
- un tapis de bain
- deux brosses à dents dans un gobelet
- un gant mouillé
- un enfant à quatre pattes
- un tube de dentifrice débouché
- un sèche-cheveux
- quatre pantoufles
- des Coton-Tige
- une fille qui se douche
- un lavabo et une glace
- un petit garçon qui se lave les dents

Devine :

On m'ouvre, on me ferme, je crache de l'eau. Qui suis-je ?

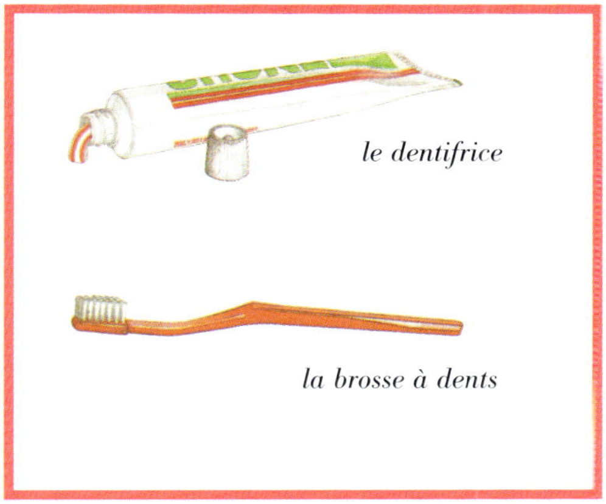

Pour avoir de bonnes dents, il faut bien se les brosser.

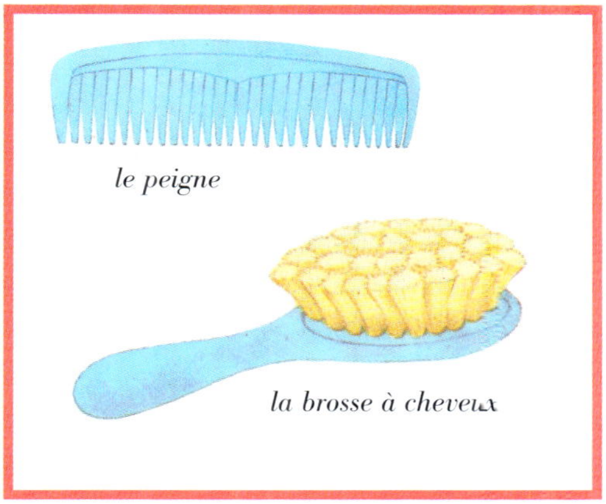

On se coiffe les cheveux avec une brosse ou un peigne.

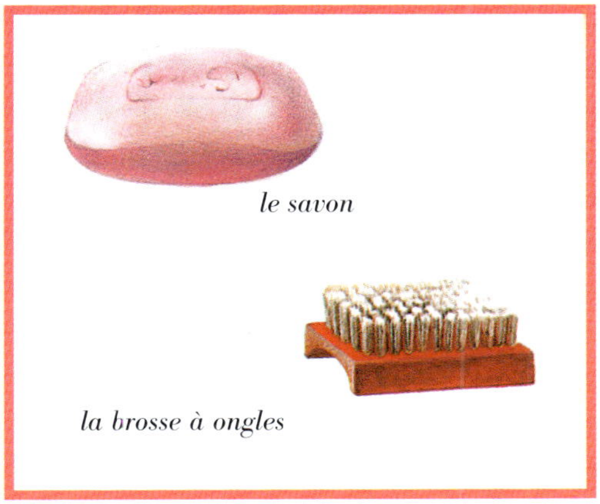

On se nettoie les ongles avec une brosse et du savon.

On se lave avec un gant et on se sèche avec une serviette de bain.

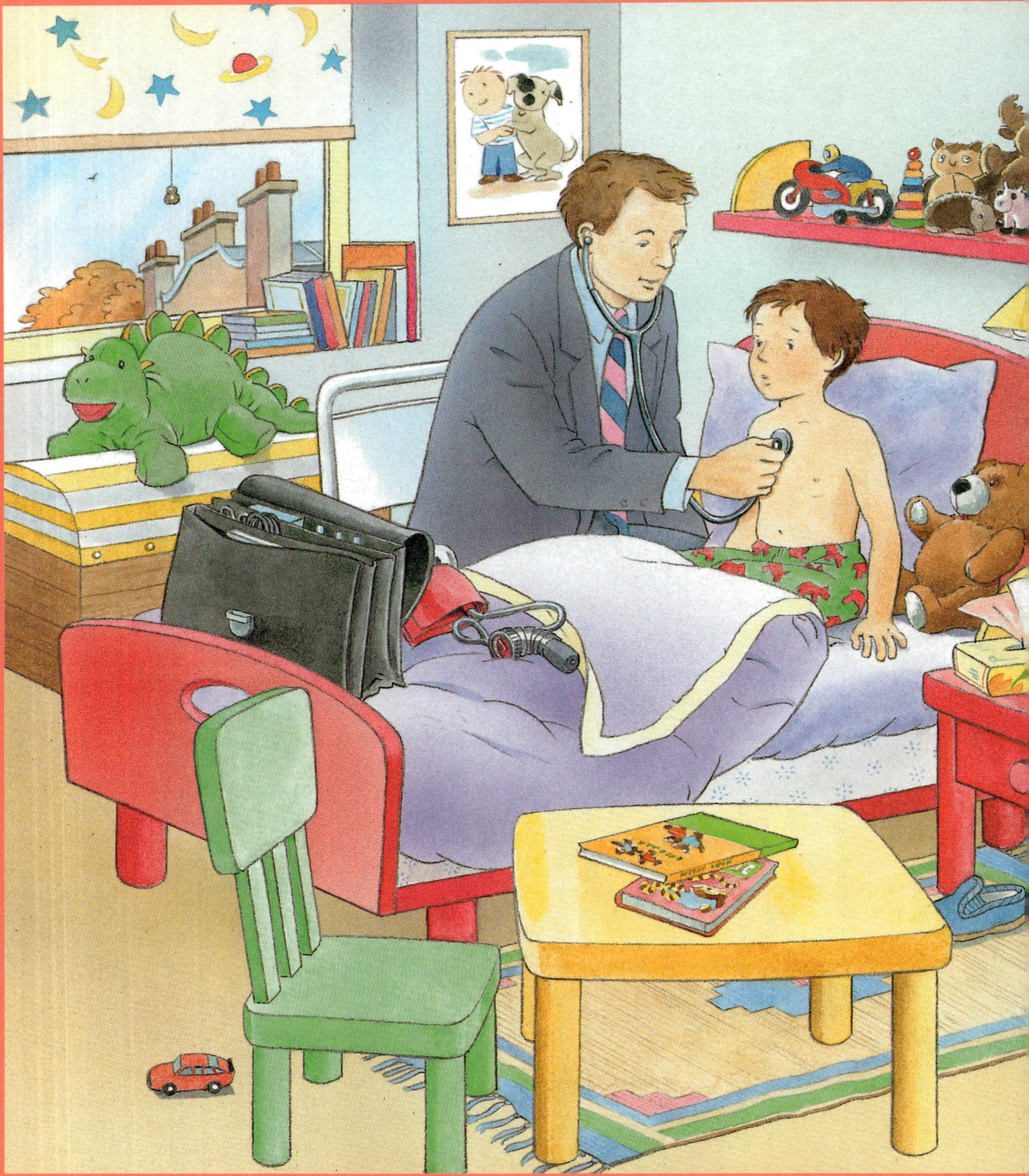

La visite du docteur

Cherche et trouve :

- un réveil
- un coffre sous un dragon vert
- un appareil pour prendre la tension
- la mallette du docteur
- cinq livres couchés sur le rebord de la fenêtre
- le petit garçon malade
- un hérisson devant un élan
- un ours en peluche
- une voiture rouge derrière une chaise
- le torse nu du petit garçon
- une pantoufle bleue
- un oreiller

Devine :

Quand on a le nez qui coule, on est bien content de me trouver. Qui suis-je ?

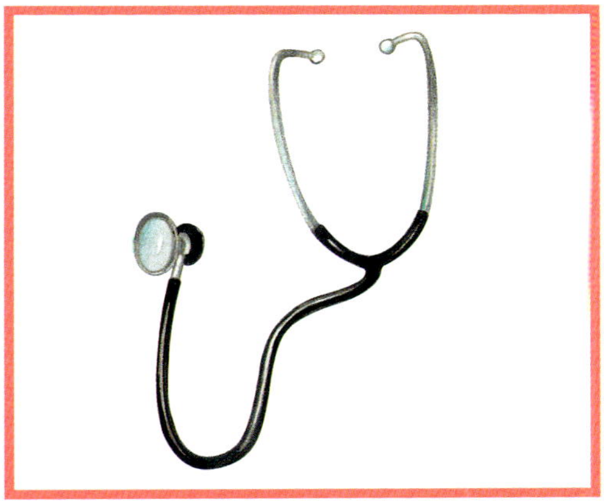

Le stéthoscope permet d'écouter les battements du cœur.

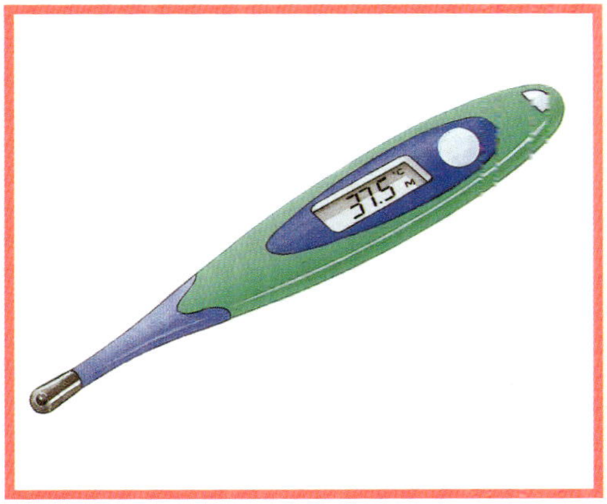

Le thermomètre indique la température du corps.

Sur l'ordonnance, le médecin inscrit les médicaments à acheter.

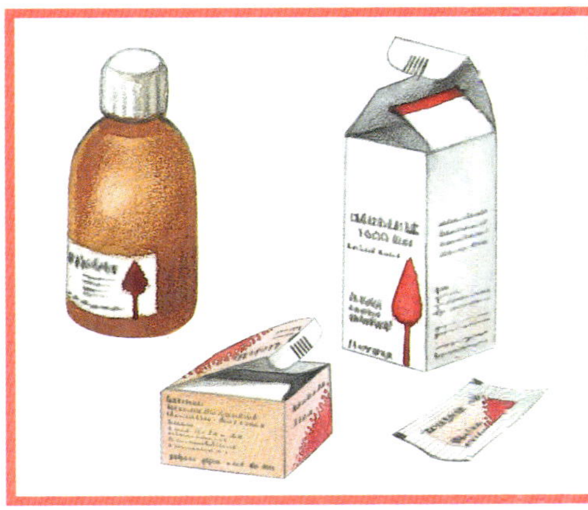

Pour guérir, il faut prendre des médicaments.

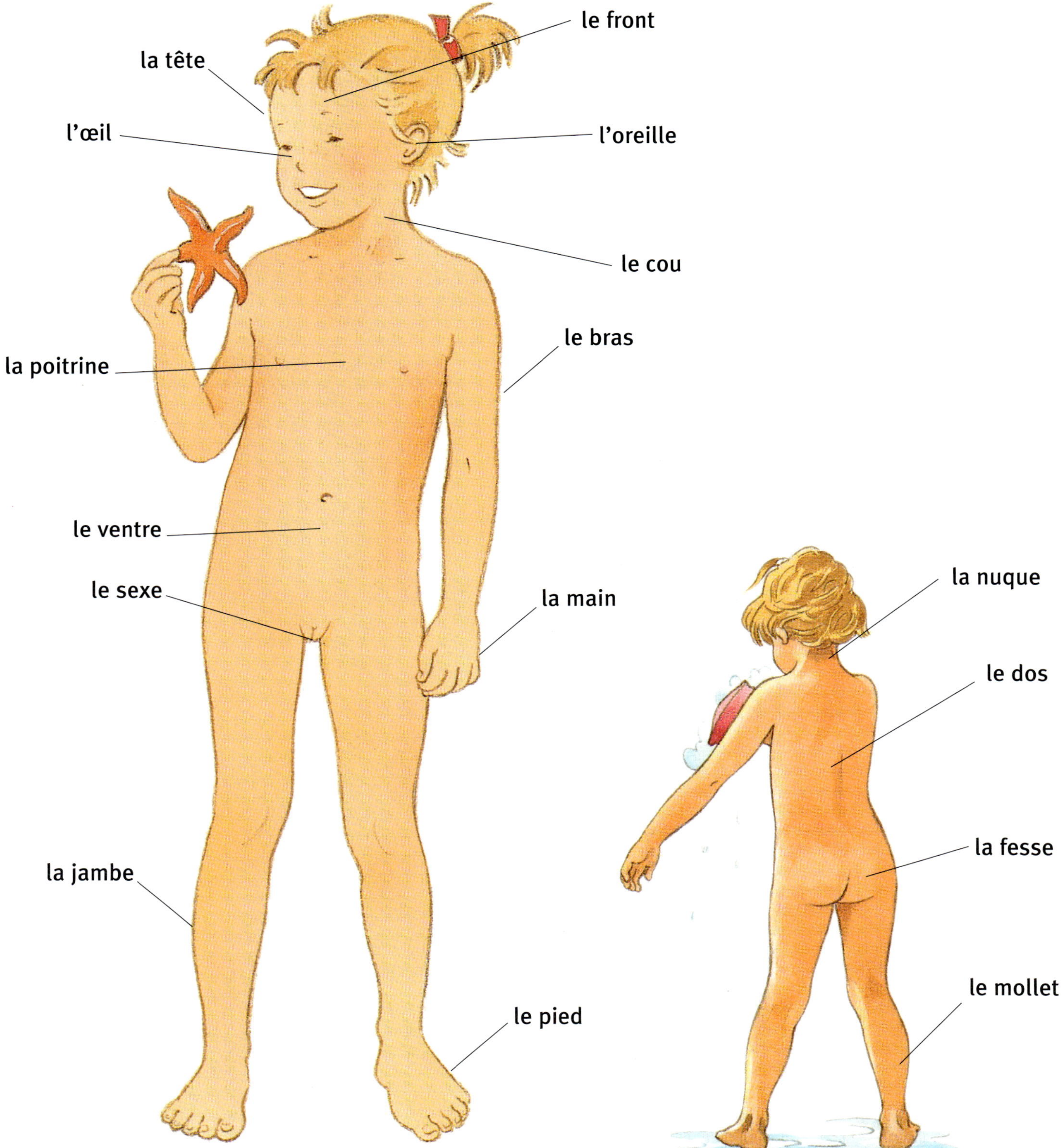
le front
la tête
l'œil
l'oreille
le cou
le bras
la poitrine
le ventre
le sexe
la main
la nuque
le dos
la fesse
la jambe
le mollet
le pied

une fille

Notre corps

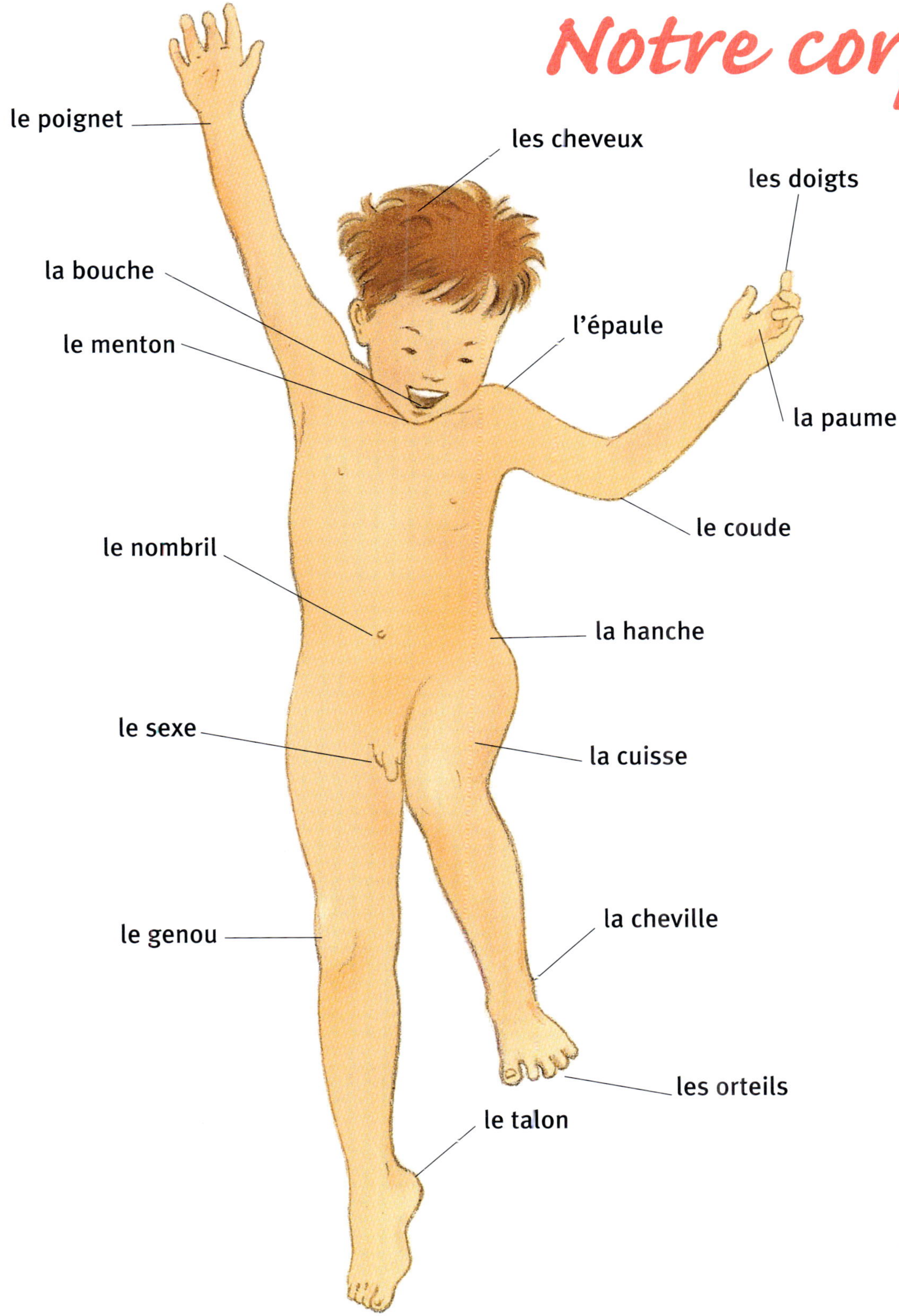

un garçon

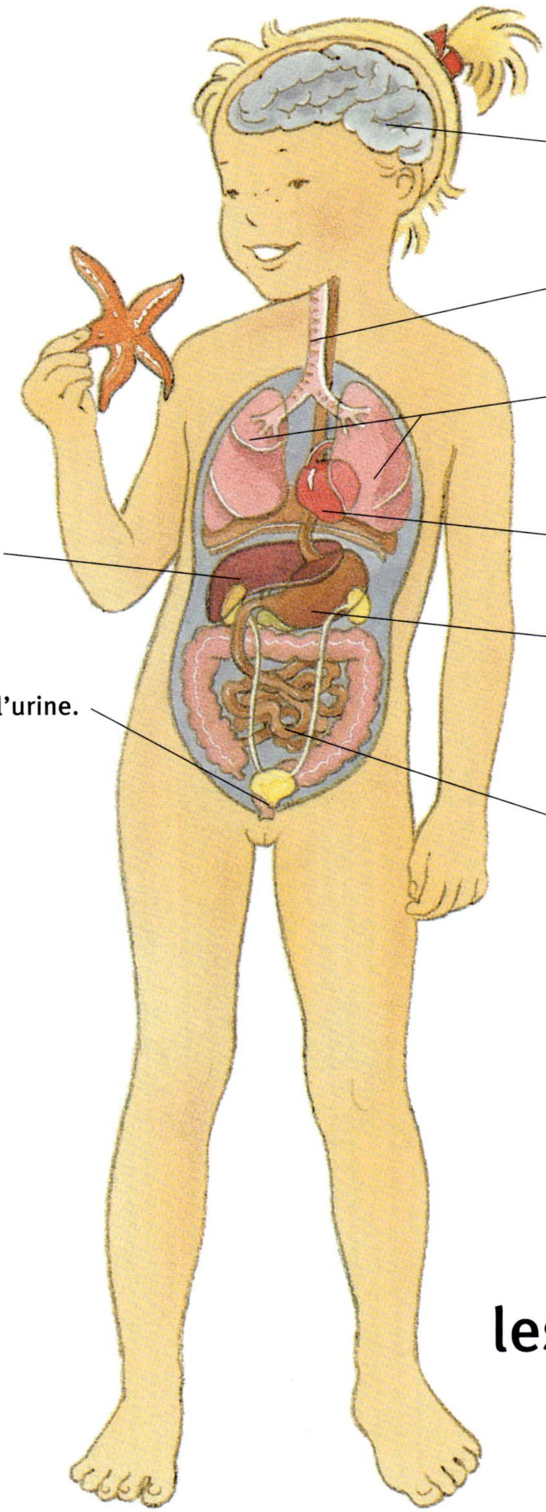
Le cerveau commande tous nos mouvements. Grâce à lui, on réfléchit.
La trachée
Les poumons se remplissent d'air quand on respire.
Le foie nous aide à bien digérer.
Le cœur bat dans notre poitrine, il fait circuler le sang dans tout notre corps.
L'estomac reçoit le premier les aliments que nous mangeons. Il les transforme en bouillie.
La vessie stocke l'urine.
L'intestin finit de digérer les aliments.

les organes

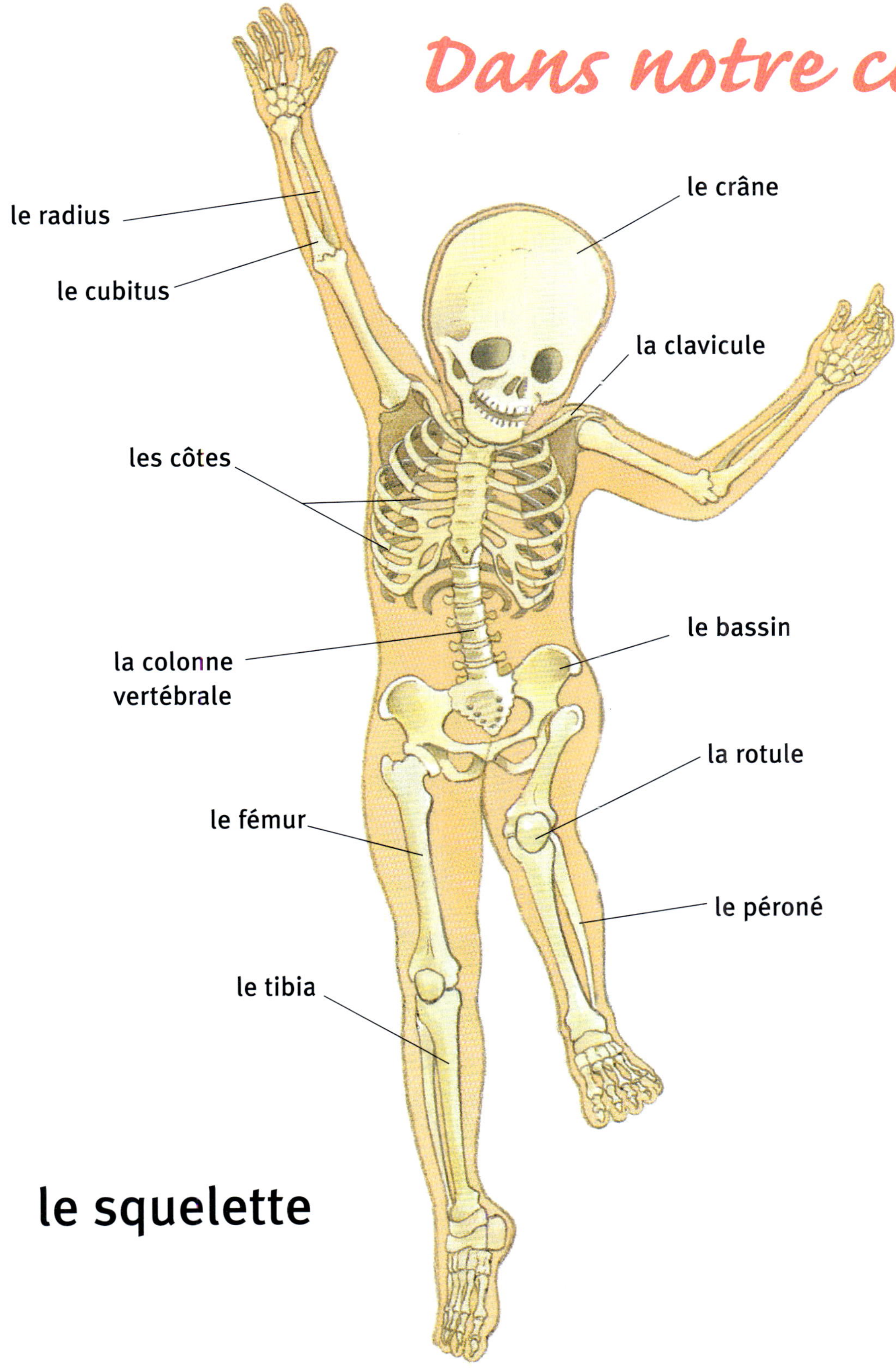

le squelette

Mon grand imagier

Les cinq sens

Cherche et trouve :

- un animal au pelage doux
- un bouquet parfumé
- un oiseau qui chante
- une cassette jaune et grise
- un fruit mordu
- une fenêtre ouverte
- un micro pour chanter
- un enfant qui regarde un livre
- un paquet de gâteaux ouvert
- une fille qui joue au loto avec un garçon
- un lecteur de cassettes
- deux livres bleus

Devine :

Sans nous, impossible de regarder un livre. Qui sommes-nous ?
Sans nous, impossible de caresser un chat. Qui sommes-nous ?
Sans nous, impossible d'écouter une cassette. Qui sommes-nous ?
Sans moi, impossible de manger une pomme. Qui suis-je ?
Sans moi, impossible de sentir le parfum des fleurs. Qui suis-je ?

M.M.COLLIN

Toucher

Cherche et trouve :

- un garçon qui prend du Scotch
- un enfant qui colle des gommettes
- une fille qui utilise des tampons
- un garçon qui peint avec un pochoir
- un garçon qui découpe une feuille verte
- une fille qui peint un tigre
- une maîtresse qui fait une boule en pâte à modeler
- un enfant qui peint au rouleau
- un garçon qui dessine à quatre pattes

Devine :

Je suis souvent mouillée, j'efface, j'essuie, je nettoie. Qui suis-je ?

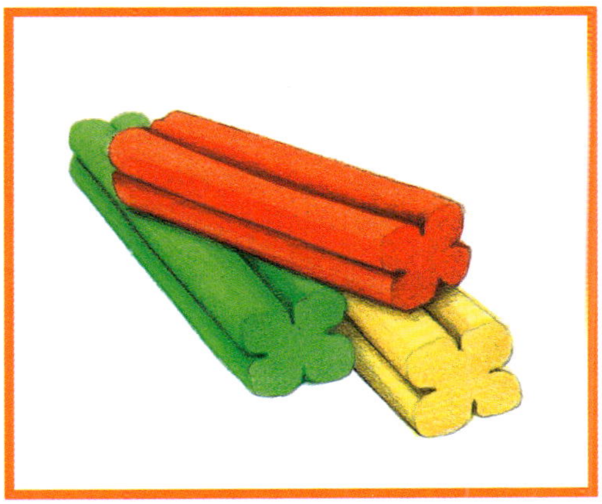

La pâte à modeler est molle : il est facile de la pétrir.

La colle et le ruban adhésif sont très collants.

C'est agréable de caresser un chat : son pelage est tout doux.

Le hérisson est très piquant surtout quand il se met en boule.

MHC

Entendre

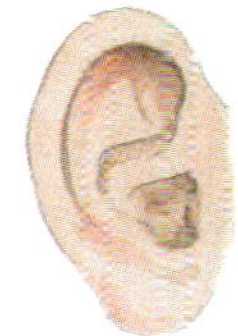

Cherche et trouve :

- un garçon qui tient des maracas
- la maîtresse qui joue de la guitare
- une fille qui secoue des grelots
- un harmonica posé au sol
- une fille qui fait tourner une crécelle
- un garçon assis en tailleur qui frappe des cymbales
- un garçon qui fait tinter son triangle
- une fille qui danse pieds nus en jouant des castagnettes
- un xylophone

Devine :

Je suis rond, d'une main on me tient, de l'autre on me tape. Qui suis-je ?

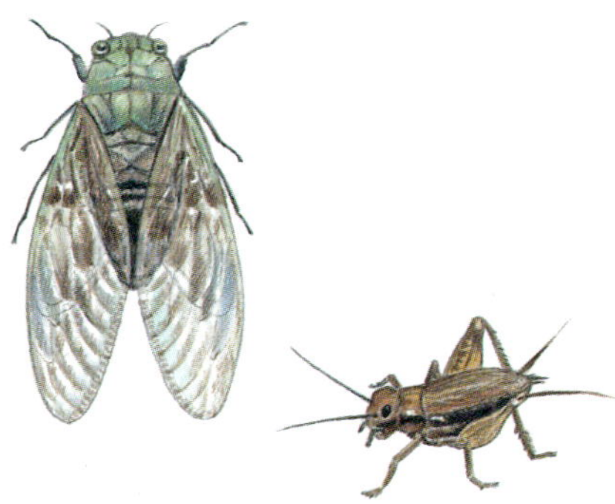

Quand il fait chaud, la cigale et le grillon chantent sans arrêt.

Le rossignol est un oiseau au chant très mélodieux.

La sonnerie du téléphone nous surprend parfois.

La sirène de la voiture de police s'entend de loin.

Voir

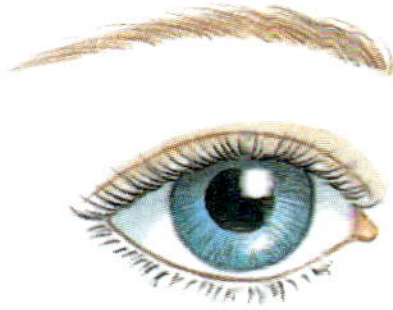

Cherche et trouve :

- un grand puzzle
- un paysage avec un village
- trois tableaux au mur
- deux enfants debout qui regardent.
- une dame de face avec un chignon
- un masque
- un portrait sur un chevalet
- un enfant qui dessine debout
- une personne qui explique un tableau à trois enfants
- une dame de profil aux cheveux longs et noirs
- une corbeille de fruits

Devine :

On me suspend au mur et on me regarde. Qui suis-je ?

La loupe grossit ce qu'on regarde.

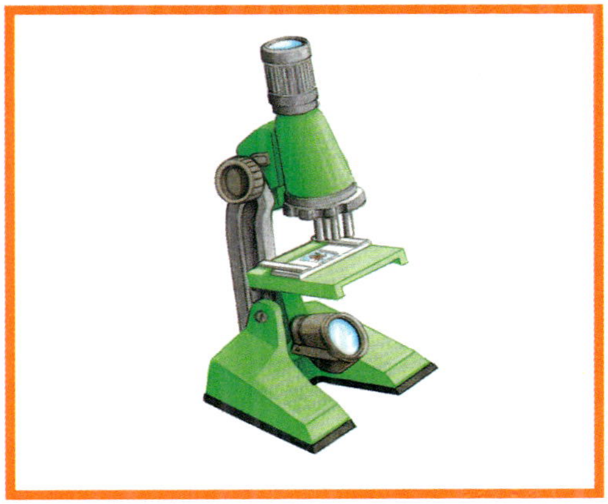

Le microscope permet de voir ce qui est invisible à l'œil nu.

Avec des jumelles, on peut voir des objets ou des lieux très éloignés.

On utilise des lunettes quand on a une mauvaise vue.

Sentir

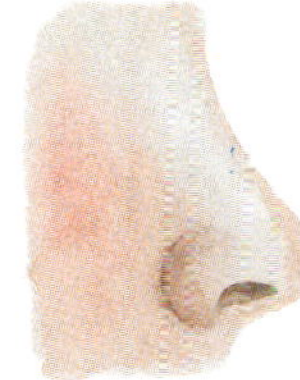

Cherche et trouve :

- deux touffes de lavande
- un gâteau au chocolat qui refroidit
- un camion qui crache de la fumée
- un lapin dans un clapier
- une fenêtre ouverte
- un chat qui fait un trou dans la terre
- un chien qui fait pipi
- un garçon accroupi
- une glycine violette
- six roses ouvertes
- des déchets qui brûlent dans un incinérateur

Devine :

J'ai de petites boules jaunes qui sentent très bon. Qui suis-je ?

Avec la chaleur, le camembert coule et sent très fort.

Au petit déjeuner, on peut sentir la délicieuse odeur du chocolat chaud.

À la ferme, l'odeur du bouc est épouvantable.

Le putois est un animal des campagnes qui sent très mauvais.

Goûter

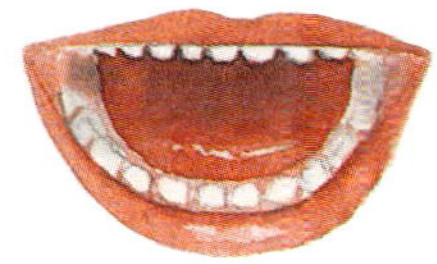

Cherche et trouve :

- une casserole avec de la purée de pommes de terre
- un bouquet de persil
- un plat qui sort du four
- l'huile et le vinaigre
- des fruits dans une corbeille
- un dessous-de-plat rouge
- un plateau de fromages
- un poivrier
- une carafe d'eau
- un torchon
- deux enfants assis à table
- trois serviettes à carreaux
- une salade de tomates dans un saladier

Devine :

Quand on m'ouvre, il faut vite me refermer pour que je garde le froid. Qui suis-je ?

Les enfants adorent les bonbons sucrés.

Le citron est un fruit au goût très acide.

Les biscuits apéritifs sont très salés : ils donnent soif.

La limonade a beaucoup de bulles : c'est pétillant dans la bouche.

des fruits

des légumes

de la viande

des poissons et des fruits de mer

Les aliments

Cherche et trouve :

- une pastèque
- une aubergine
- un croissant
- un saucisson et du paté
- une huître et une crevette
- une barre de chocolat
- un jambon
- du sucre et une glace
- du gruyère
- une grappe de raisins
- un artichaut
- une botte d'asperges
- une carotte et un radis
- des biscuits
- une sole et une sardine

Devine :

J'ai deux grandes pinces et je suis rouge quand je suis cuit. Qui suis-je ?

du beurre et des laitages

du pain et des pâtisseries

du sucre et des friandises

du riz, des céréales et des œufs

Les activités de plein air

Cherche et trouve :

- des genouillères
- un enfant qui se balance
- une paire de rollers
- deux enfants sur une même bascule
- une fille qui fait de la trottinette
- un garçon qui rattrape un ballon
- des enfants qui jouent à colin-maillard
- une fille sur une balançoire
- un garçon accroupi
- un ballon qui rebondit
- un garçon qui court les bras tendus
- un enfant soulevé du sol

Devine :

Nous sommes des chaussures qui roulent. Qui sommes-nous ?

On pédale en tenant le guidon pour faire rouler son vélo.

La gymnastique

Cherche et trouve :

- un enfant qui lance une balle
- une fille qui saute sur un trampoline rond
- un enfant qui escalade avec l'aide de la maîtresse
- une fille qui lève un cerceau rouge
- un enfant qui grimpe sur le filet
- une fille qui sort du tunnel
- cinq quilles
- un cerceau coincé dans une brique
- un enfant qui ramasse un anneau

Devine :

Je suis rond, on me lance avec les mains ou avec les pieds. Qui suis-je ?

Il faut ramper pour traverser le tunnel.

Sur le chemin de poutres, c'est difficile de garder son équilibre.

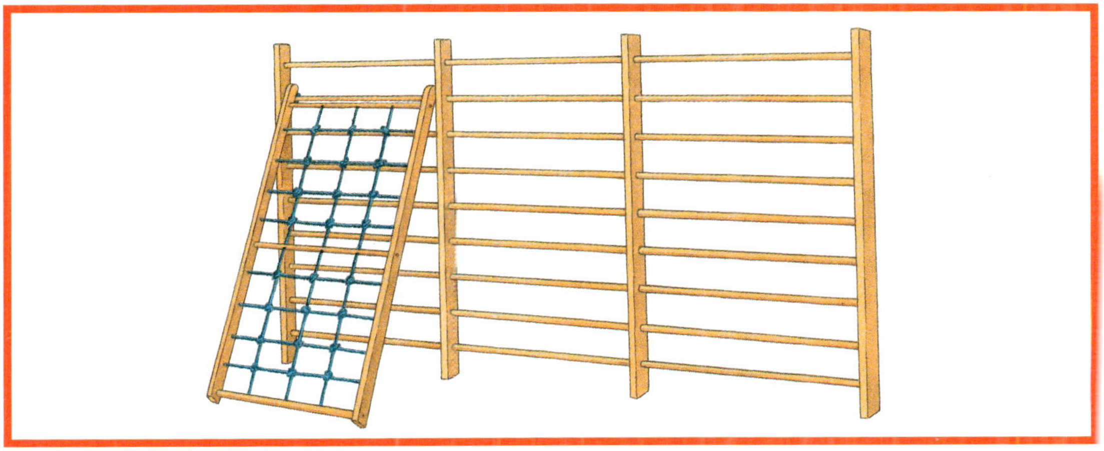

On peut se suspendre aux barreaux de l'espalier et grimper sur le filet d'escalade.

1

À la piscine

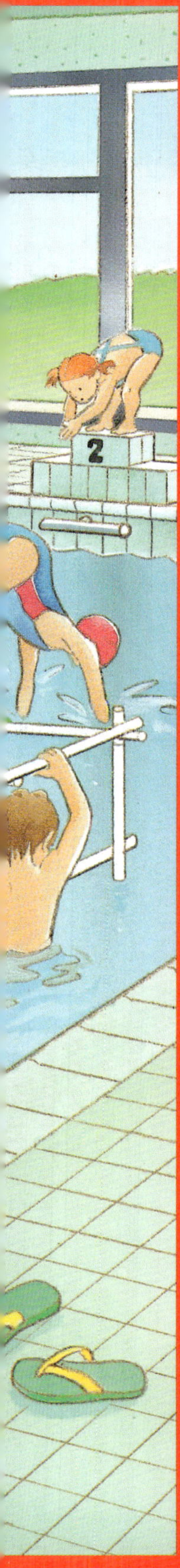

Cherche et trouve :

- deux enfants sous la douche
- un ballon qui flotte
- une échelle
- une fille qui va plonger
- deux plots de plongée
- une nageuse la tête dans l'eau
- un enfant avec des brassards assis sur les marches
- un enfant qui glisse sur un tapis rouge
- des enfants qui grimpent sur la cage
- deux planches en mousse sur le bord de la piscine
- une ligne de flotteurs

Devine :

On me porte aux pieds pour ne pas glisser sur le carrelage mouillé. Qui suis-je ?

*À la piscine, on met **un maillot de bain** et **un bonnet**.*

*Grâce aux **lunettes de piscine**, on peut ouvrir les yeux sous l'eau.*

***Les brassards** permettent de flotter sur l'eau.*

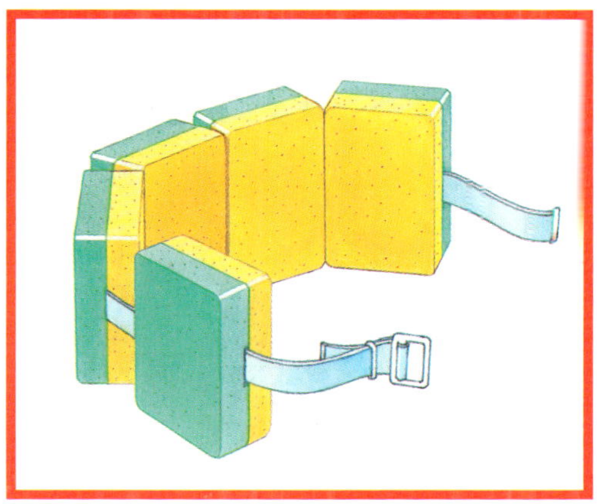

*Pour apprendre à nager, on met **une ceinture flottante**.*

Au jardin

Cherche et trouve :

- un tuyau d'arrosage rouge
- une chaise longue
- un arrosoir vert
- une table de jardin
- maman qui tient un sécateur
- une fille qui plante des fleurs
- des gants de jardinage
- un panier avec des roses
- un barbecue
- un sac de charbon de bois
- deux chaises de jardin
- papa qui tond la pelouse
- une maison derrière un mur
- un tablier
- un parterre de fleurs

Devine :

Je fais du bruit quand je coupe l'herbe. Qui suis-je ?

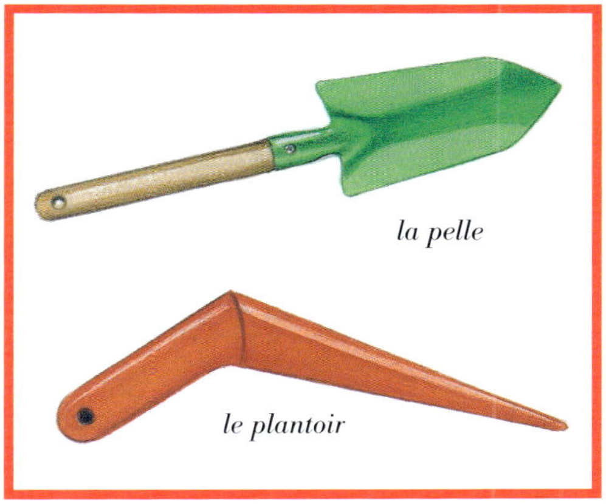

On utilise la pelle pour remuer la terre et le plantoir pour y faire des trous.

On sème des graines dans les trous pour faire pousser des radis.

La graine du haricot germe, des racines poussent, des feuilles sortent, une nouvelle plante est née.

Nos animaux familiers

Cherche et trouve :

- un collier rouge
- un bouchon de liège
- une souris
- deux perchoirs
- sept poissons rouges
- un enfant qui touche la truffe d'un chien
- une petite fille qui a un hamster dans la main
- du foin pour le hamster
- une boîte de nourriture pour oiseaux
- deux canaris jaunes
- une roue dans une cage
- un aquarium

Devine :

J'ai des écailles, des nageoires et je respire sous l'eau. Qui suis-je ?

Le chien dort parfois dans une niche.

On peut installer dans le jardin une mangeoire pour les oiseaux.

Les abeilles font du miel dans une ruche.

À la ferme, on élève les lapins dans un clapier.

Liste alphabétique

A

B

C

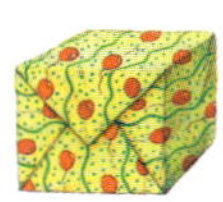

D

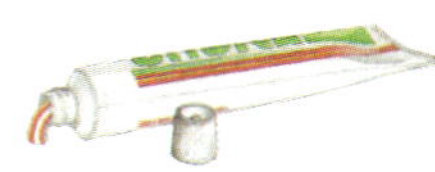

E

F

G

H

I, J, K

L

M

V, W

X, Y, Z

Liste thémathique

Animaux

Arbres et plantes

Fleurs

Fruits

Légumes

Aliments et boissons

Sports et jeux

Activités manuelles

La lecture

La musique

Les engins

Le corps humain

La propreté

Vêtements et accessoires

Les éléments

Le temps qui passe

Imprimé en France par PPO Graphic - 93500 Pantin 09-1999 - N° d'impression : 34758
Flammarion et Cie, éditeur (n° 0889)
Dépot légal : Octobre 1999
Loi n° 49-956 du 16 juillet 1949 sur les publications destinées à la jeunesse.